AF313805

VOYAGE
AU POLE ARCTIQUE

5ᵉ SÉRIE IN-12.

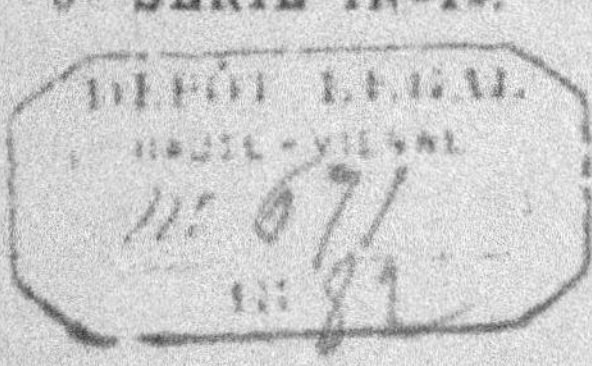

VOYAGE

AU

POLE ARCTIQUE

PAR

CHARLES DE FOLLEVILLE.

LIMOGES

EUGÈNE ARDANT ET Cie, ÉDITEURS.

VOYAGE

AU POLE ARCTIQUE.

I

A notre époque, on fait le tour du monde comme naguère on faisait le tour de France. Nos ardents pionniers de la civilisation et nos hardis missionnaires s'aventurent sur tous les points du globe, et vont en quête de régions encore inexplorées, car si la cosmographie est pour nous, à cette heure, une science à peu près complète, si l'ethnographie ne nous laisse que peu de renseignements à recueillir, s'il n'y a plus de grandes investigations à faire, il reste cependant quelques problèmes à résoudre.

Serions-nous insensibles aux recherches

intéressantes de tant de courageux savants et d'intrépides Argonautes qui s'exposent chaque jour à tous les dangers pour faire luire la lumière sur les contrées les plus ténébreuses, nous instruire et charmer nos loisirs par le récit de leurs aventures? Non, certes! Suivons donc au moins du regard leurs pénibles travaux.

N'avons-nous pas vu, avec l'enthousiasme qu'inspire un admirable dévouement, Christophe Colomb, le premier de tous, trouver le Nouveau-Monde, en 1492, alors qu'il cherchait tout simplement, vers l'ouest du globe, un passage pour arriver aux Indes et au Cathay de Marco Polo, la Chine actuelle?

Le navigateur vénitien Jean Cabot découvrit Terre-Neuve en se mettant en quête du même passage par le nord, en 1497...

Remarquez que nous allons parler ici seulement des découvertes faites dans la direction du Pôle Boréal, but de notre travail. C'est ainsi que, en 1500, Gaspard de Cortereal découvre, au profit du Portugal, le golfe Saint-Laurent;

Trente ans plus tard, le Français Jacques Cartier remonte ce fleuve de Saint-Laurent, et installe sur ses rives une colonie, la première colonie de notre France;

En 1576, Martin Frobisher trouve le cap Farewell;

Davis, la Terre de Cumberland et le détroit de son nom, en 1585;

L'Archipel du Spitzberg et la Nouvelle-Zemble sont mis en relief par l'expédition de Van Heemskerck, pilote W. Barentz;

Henry Hudson cherche un passage vers le pôle, par le N.-E. et le N.-O., mais il meurt à la peine, dans la baie d'Hudson, qu'il découvre, après avoir été délaissé par ses matelots mutinés.

Apparaît alors une jeune nation, la nation russe, qui s'emploie à des recherches de même sorte. Ainsi Behring, Danois au service de Pierre-le-Grand, fournit la preuve, en 1728, que l'Asie n'est séparée de l'Amérique que par le détroit qui s'honore de son nom.

En 1735, Morawieff traverse le détroit de Waigatch;

Schurakoff, Koskeleff, Offzin, Ménin, Routshiftcheffe, Schalauroff et Billings, signalent tout le littoral de la mer Blanche et de l'océan Glacial, ainsi que les côtes septentrionales de l'Asie et du détroit de Behring.

Puis, des excursions faites à pied par des Anglais, dont les plus fameuses sont celles de Hearne et de Mackenzie, font mieux connaître la baie d'Hudson, le fleuve Mackenzie, les montagnes Rocheuses, et les rivages de l'océan Pacifique, vis-à-vis des îles Quadra et Vancouver.

Ont lieu les célèbres voyages de Phips, en 1773; de Cook, en 1778; de Clerke, en 1779.

Cook double le cap du Prince de Galles : mais il est arrêté par une vaste plaine de glace, surpassant l'eau de trois à quatre mètres, aussi compacte qu'un mur, et épaisse de vingt à vingt-cinq mètres. Il la côtoie sans pouvoir trouver de passage; constate que, à mesure qu'elle s'éloigne de l'Amérique, elle incline au sud vers la côte d'Asie; mais craignant d'être enveloppé par les banquises, il revient au détroit de Behring, convaincu que le soleil ne parvient pas à fondre les glaces polaires, etc.

Les voyages entrepris par les Européens ont déjà produit cette moisson de connaissances. lorsque en 1789, éclate la Révolution française, qui suspend toutes les recherches. Mais enfin vient l'heure bénie qui permet de les reprendre.

Alors le Moscovite Kotzebue, le Danois Henderson, et l'Anglais Franklin donnent le signal d'un nouvel essor.

D'abord Kotzebue, en faisant le tour du monde, de 1815 à 1818, pénètre dans le détroit de Behring et découvre le golfe de son nom.

Ensuite Henderson, le premier, voit la Mer-Libre du Pôle ou Polynie.

Enfin Franklin parcourt un espace de mille kilomètres tout au long d'un rivage entièrement débarrassé de glaces.

Pendant ce temps, un ministre anglican, le docteur Scoresby, familiarisé, par la pêche de la baleine, avec les phénomènes de l'océan Polaire, démontre que les ouvertures qui ont lieu dans les glaces du Spitzberg donnent la preuve que la mer est libre, c'est-à-dire sans glace aux environs de notre pôle.

E. Parry, en 1819, découvre l'archipel Parry et révèle l'existence de la Mer-Libre, sur laquelle il ne voit flotter que quelques glaçons isolés.

De 1820 à 1824, un lieutenant de la marine russe, Wrangell, plus tard amiral, s'avance à pied pendant quarante-six jours sur la glace. Il aperçoit vers le nord une chaîne de montagnes. Pour l'atteindre, il erre pendant cinq jours sur une Mer-Libre, à l'aide d'un glaçon flottant, qui finit par se congeler contre une banquise.

On prétend que cette Mer-Libre est placée à cinq cents kilomètres au nord des îles Liakhoff.

Dans un voyage de circumnavigation, Beechey, par deux fois, de 1825 à 1828, franchit le détroit de Behring et côtoie l'Amérique, jusqu'à ce que les glaces le repoussent vers l'océan Pacifique.

Alors le Pôle Magnétique est fixé par sir J. Ross, de 1829 à 1833, à 70° 5' 17" de latitude nord, et 101° de longitude occidentale, au sud des flots de la Mer-Libre.

Il en est de même des deux Pôles de Froid que l'on dit se trouver très-près du Pôle Magnétique.

Sur ces entrefaites a lieu le dernier voyage de sir J. Franklin. Deux années, presque trois, s'écoulent sans qu'on entende parler de lui. L'amirauté anglaise, lady Franklin et de nombreux amis promettent de riches récompenses aux navigateurs qui se dévoueront pour aller à sa recherche.

En 1848, Kellett et Moore d'une part, de l'autre sir J. C. Ross et Bird tentent des expéditions dans ce but. Puis Penny et Steward, Austin et Ouannaney, et enfin Mac Clure et Collinson, parcourent les mers du nord pour chercher l'infortuné sir John Franklin. Mais leurs peines et leurs fatigues sont sans résultat.

Toutefois, ces explorations font connaître deux passages, mais impraticables généralement, par suite de la quantité et de la mobilité des montagnes de glace. On peut arriver à une Mer-Libre pourtant.

Après eux, Belcher, continuant les recherches précédentes, rencontre le cairn de Winter-Harbour, sous lequel on trouve une dépêche de Mac Clure.

En dernier lieu, le capitaine Inglefield pénètre dans un canal libre : mais, ensuite, Kane, et plus tard Hayes, sont enfermés dans des glaces.

Enfin. Merton, en 1824, arrive à une mer, une vraie Mer-Libre.

De sorte que, de toutes ces recherches, — qui aboutissent à rendre irréfutable la mort de sir John Franklin, — il se dégage un fait incontestable : c'est que le Pôle Boréal n'est pas une formidable forteresse de banquises entassées, comme on le croyait, et qu'il n'existe pas d'amoncellements gigantesques de glaçons s'épaississant de plus en plus vers le centre polaire et en recouvrant toute la rondeur. Au contraire, là se trouve la Mer-Libre, ou Polynie, à température relativement élevée.

C'est ce que va démontrer, dans les pages suivantes, le voyage au Pôle Nord, écrit d'après les récits de M. Hayes.

Upernavik est un village du Groënland qui n'est habité que par les Esquimaux. Quelques misérables huttes, dont les possesseurs ne vivent que de la chasse aux veaux marins, et qui font, avec les navires qui abordent tout exprès, le commerce de l'huile de phoques et de peaux de ces animaux, composent cette petite bourgade, passablement pittoresque, mais fort sale. En effet, sur ses grèves et ses rochers, on ne voit que sinistres détritus en décomposition. Mais là réside le chef danois du district; là s'élève une assez belle église; là on trouve un joli presbytère, et alors il suffit de cette magnificence pour qu'on apprécie mieux le repos que peut prendre un navire à Upernavik.

Le voyage au Pôle Arctique ou Boréal, à la recherche de sir John Franklin, a commencé le 6 juillet 1860, sous les ordres et la direction du savant médecin Jean-Jacques Hayes, commandant de la goëlette *les Etats-Unis d'Amérique*.

La navigation de J.-J. Hayes s'est faite en quarante jours, à partir de Boston, dans les Etats-Unis, à Upernavik. Avant d'arriver à cette station, chez les Esquimaux, les explorateurs ont croisé le premier glaçon des mers polaires, et, la veille de leur passage sous le cercle polaire arctique, ils ont rencontré le premier *iceberg*. Iceberg est le nom que l'on donne à une montagne de glace. Cette première montagne offre à leurs regards l'aspect d'une pyramide irrégulière d'à peu près cent mètres de largeur sur cinquante de hauteur. Le brouillard en enveloppe la pointe extrême : mais un coup de vent permet de la contempler à l'aise, sous forme d'un pic éblouissant.

Rien ne peut donner une idée de la magnificence de ces montagnes de glace, qui affectent les formes les plus capricieuses, depuis des coupoles gigantesques de temples, des façades merveilleuses de cathédrales, des voûtes élancées d'édifices, décorées de splendides et fantastiques retombées, jusqu'à des cônes aigus, des pyramides, des clochetons, etc. On dirait que la nature s'amuse à reproduire avec la glace les plus curieux monuments de notre monde réel, le Colisée de Rome, par exemple, son château Saint-Ange, des citadelles, des enceintes de remparts et de bastions. Ajoutons que certains de ces *icebergs* ont la blancheur mate du marbre de Paros, les uns; les autres scintillent des feux de diamants, de rubis, de topaze : ici et là, des perles colossales paraissent adhérer aux parois, et des pierres précieuses, qui paraissent disposées sur les crêtes, s'irisent de jets de flammes alors que le soleil s'enfonce dans les profondeurs de l'horizon.

En approchant du Groënland, certains indices moins poétiques avaient révélé aux navigateurs l'approche de la terre, dans les parages de Proeven. C'étaient d'abord des aboiements de chiens, mais aussi, mais surtout, une intolérable odeur de poisson gâté, corrompu.

Un dédommagement à cette souffrance les

attendait, d'autre part : je veux dire que l'ar-
rivée de la goëlette *les Etats-Unis* y fut ac-
cueillie par une flottille groënlandaise de
nombreux *kayaks*. On donne ce nom à la plus
légère et la plus frêle des embarcations à laquelle l'homme puisse confier sa vie. Vous
connaissez ce que nos marins d'eau douce ap-
pelent yole, périssoire, etc. ? Mais yole ou périssoire de nos canotiers, c'est du bois, tandis
que le kayak des Esquimaux-Groënlandais est
en peau, peau tendue sur une carcasse de bateau de cinq mètres de longueur sur quaran-
te-cinq centimètres de largeur, se terminant à
chaque bout par une pointe aiguë et recour-
bée. C'est le phoque qui fournit cette peau sè-
che et raide. Les femmes du pays ont le talent
de la coudre si hermétiquement, que l'eau de
mer ne peut jamais suinter à l'intérieur. Ce
sont les veaux marins, dont les nerfs servent
de fil, qui font tous les frais de ces kayaks.
Un siége, disons mieux un trou, est réservé
au pêcheur au milieu de l'embarcation, et
une fois entré dans cette ouverture, le Groënlandais y attache si parfaitement sa vareuse,

faite également de peau de phoque, que l'eau
de la mer, comme l'eau du ciel, n'ont aucune
prise sur l'homme et son canot. Alors, armé
d'un seul aviron, qu'il manœuvre de droite et
de gauche, comme l'aile d'un moulin, le hardi
pêcheur se lance bravement au milieu de la
tempête, qu'il affronte, et se glisse à travers
les écueils, sans les craindre jamais.

Dans ces parages voisins du Pôle Nord,
quelquefois les navigateurs longent sans le
savoir des terres qu'ils ne voient point, voilées
qu'elles sont par d'immenses brumes épaisses.
Puis il arrive que tout-à-coup l'enveloppe de
nuages se déchire, et apparaissent avec une
magnificence incomparable des sites austères
et sauvages, dont les vallées profondes, les
hautes chaînes de montagnes, les roches sombres menaçant de leurs assises fantastiques
d'énormes fissures du sol, frappent d'épouvante autant que d'admiration. Selon que les
brouillards se dissipent, en roulant par larges
vagues à la surface des paysages et en permettant de saisir tous les accidents de cette
nature polaire si désolée, et cependant si mer-

veilleuse, on reconnaît une contrée où toutes choses prennent une physionomie féerique.

C'est ainsi que, vers le soir, souvent, l'Océan devient calme et poli comme un lac. Pas une ride, partant point de vent : pas la moindre vague. On est ravi d'aise, en voyant le soleil projeter ses rayons jusqu'aux dernières lignes des perspectives, qui estompent en noir les limites de l'horizon sur l'éther bleu, sur les nuages, sur la mer profonde. Les montagnes affectant les formes les plus capricieuses, saillent en des reliefs étranges, tout en émergeant de larges zones ruisselantes de teintes de cramoisi, et nuancées de pourpre et d'or.

Tel apparut le Groënland à nos pérégrinateurs, alors qu'ils se trouvaient au sud de l'île de Disco, à la sortie du détroit de Davis, près de la rade de Godhaben, le 1er août de cette année 1860.

Les plus curieux des hommes de l'expédition songent peu au travail. Ils sont le plus souvent en contemplation devant les montagnes de glace ou icebergs, dont l'ombre injecte d'un vert émeraude les eaux qui les portent. Ils comparent ces icebergs à des îles de cristal, sur les pentes desquelles se précipitent en frémissant des centaines de cascatelles aux teintes délicates les plus charmantes.

Ce sont, en effet, de véritables glaciers erratiques, qui ont aussi leurs dépôts de neiges et de glaces fondant pendant le jour. Il arrive fréquemment que des contreforts de ces masses gigantesques se détachent et glissent dans l'abîme avec un bruit inexprimable d'artillerie en éruption, tandis que la lame continue à rouler majestueusement à travers les arceaux rompus de l'édifice aérien.

On est à Upernavik, ai-je dit, et puisque c'est de là que va se faire l'expédition, comme dans le drame et la comédie, il est bon de présenter au lecteur les personnages qui feront les premiers rôles de la pièce.

Honneur au chef de l'entreprise, le commandant en premier, docteur Hayes.

Après lui, vient le commandant en second, Sonntag, astronome distingué.

Puis l'officier de manœuvres, Mac Cormich.

Ce sont ensuite W. Dodge, H. Radcliffe,

C. Starr, et deux volontaires, et enfin cinq matelots.

F. Knorr est le secrétaire de l'expédition.

Le plus instruit de ces divers acteurs est Aug. Sonntag.

— Glaçons à ranger le bord!... entend-on dire à chaque instant, à l'approche d'un iceberg, dont l'altitude égale celle du plus haut des mâts, et dont il est urgent de garantir la goëlette.

C'est un pilote de Prœven, vêtu de peaux de phoques en lambeaux, et répondant au nom d'Adam, qui fait manœuvrer le bâtiment jusqu'à Upernavik, dont un récif rend assez peu commode l'entrée du port.

On jette l'ancre au côté d'un brick danois, *le Thiasfe*, en chargement pour Copenhague de peaux et d'huiles de phoques. Depuis les embarcations de Terre-Neuve, c'est le premier vaisseau que rencontrent nos gens des *Etats-Unis*. Aussi profite-t-on de sa présence et de son départ prochain pour envoyer des nouvelles de l'expédition.

Deux navires dans le port d'Upernavik,

c'est un spectacle délirant que ne se refusent pas les groupes les plus étranges d'hommes, de femmes et d'enfants, dans les costumes les plus excentriques, descendant en longues files de la steppe de mousses qui s'étend en pente douce de la ville d'Upernavik à la mer.

Prœven et Upernavik se ressemblent : des huttes sur une colline du rivage, et autour des huttes de gros et safranés Esquimaux qui vont et viennent. Tel est le tableau. Pourtant, jolie petite église, et charmant presbytère. Dans le presbytère, lourde et jaune Esquimaude, aux cheveux noirs comme la nuit, en blouse et pantalon de peaux de phoques, mais les jambes enfouies dans des bottes, tout comme Bastien. Seulement ses bottes, à elle, sont écarlates et brodées de fils blancs. Quelle excessive propreté dans cette demeure du ministre protestant! Parfums de roses, de résédas, d'héliotrope, ne vous déplaise! Et, pour musique, un canari qui chante et un matou qui fait la basse.

Salut au maître de céans, M. Anton! Il y a aussi une madame Anton et une demoiselle

Anton. C'est à qui, dans la maison, fera le
meilleur accueil aux visiteurs de la goëlette
les États-Unis. Bonne table, Médoc, oui, Médoc
délicieux, café, et le reste.

On est quelque peu civilisé, au presbytère
d'Upernavik!

Hélas! il s'agit d'obtenir les services du ministre pour un pauvre matelot du bord, G. Caruthers, que l'on a trouvé mort dans son ca-
dre… C'est une perte, un grande perte même,
car Caruthers connaissait mieux que personne
les mers arctiques!

Enfin, le pauvre homme est transporté du
navire au cimetière d'Upernavik. Quel cimetière! On ne peut rien voir de plus sinistre,
de plus désolé. Et cependant il est situé sur
la colline, au-dessus de la bourgade : mais on
n'enterre pas dans ce cimetière, attendu que
la terre fait complètement défaut. On dépose
les défunts dans un pli de rochers, et on le
couvre de tous les débris possibles de roches
effritées. C'est une couche bien dure : mais au
moins les vagues de l'Océan font monter jusque-là leur grande voix, qui berce les cada-

vres, et leur chante un *requiem* perpétuel...

La grande affaire, à Upernavik, est de se procurer des chiens pour servir d'attelages, lorsque l'expédition atteindra les neiges du Pôle. Et puis des vêtements de peaux de rennes, de chiens et de phoques, sont indispensables. Enfin il faut remplacer Caruthers, et pour cela on engage un interprète et deux chasseurs d'abord ; puis, deux marins danois s'attachent à la goëlette, comme auxiliaires.

Donc, actuellement, vingt hommes composent le personnel du bâtiment :

P. Jensen, l'interprète ;

Olsurg et Pétersen, matelots ;

Et les trois Esquimaux, conducteurs de chiens et chasseurs, Peter, Marc et Jacob.

En attendant un vent propice, fête à bord, fête offerte, en échange des civilités reçues, à la famille Anton, au résident de l'Etat, M. Hansen, etc. Mais voici que, on déguste encore les friandises américaines, lorsque s'avance tout-à-coup un contre-maître, parlant au nom de l'officier de quart.

— Les chiens sont à bord, de tout-à-l'heure.

dit-il, et maintenant voici le vent qui souffle du sud... On lève l'ancre à l'instant...

Désarroi général. C'est à qui s'enfuira au plus vite. On s'entasse dans les canots, on s'éloigne. Le cabestan accomplit son œuvre, et la goëlette *les Etats-Unis* se met en mouvement.

Au lever du soleil, des hauteurs d'Upernavik, et sur ses vertes pelouses, on voyait de la haute mer s'agiter, en signe d'adieux, les mouchoirs blancs des bons habitants de ces solitudes glacées...

II

Jusqu'à Upernavik on fait encore partie du monde civilisé.

Au-delà, plus de vie, mais la mort, la mort de la nature.

Plus rien que des glaces, les icebergs que vous savez, glaces monstrueuses; et puis des neiges amoncelées, des mers inconnues, fantasques, avec des dangers sans nombre et de tous les instants.

L'horizon, il n'y en a plus! Partout des montagnes de glaces, des amoncellements formidables de neiges reposant sur les glaçons; partout des couloirs que le navire ne peut franchir qu'à grand'peine.

Et puis, un froid horrible, inexprimable.

On entre en pleine mer de Baffin, vaste golfe ouvert de l'Atlantique, et ainsi nommée de Baffin, habile pilote anglais, qui la visita le premier, sur la côte de l'Amérique du Nord. Elle communique à l'Atlantique par le détroit de Davis, à la mer d'Hudson par ceux de Cumberland et d'Hudson, et à l'océan Glacial-Arctique par le détroit de Lancastre et Barrow.

Tout est sinistre à bord; on ne voit que des hommes gelés, nonobstant leurs peaux de phoques. Tout est plus sinistre sur la mer : des murailles de glaces entourrent le navire. À peine si l'on peut avancer de quelques kilomètres à certaines heures : à d'autres, le navire s'arrête et demeure immobile, fixe comme le dieu Terme.

Mais voici venir les courants.

On observait le moindre indice de vent, lorsque, tout-à-coup, on avise que la vague a changé de mouvement et qu'elle pousse le bâtiment à la rencontre de massifs de banquises placées sous le vent. Il se présente même une de ces banquises tellement perforée de fissures, d'érosions, d'alvéoles innombrables, que l'on peut craindre, à raison de sa hauteur prodigieuse, qu'elle ne dévale au moindre choc, en enfouissant la goëlette sous ses débris. Et, cependant, le courant s'impose, il ne permet pas de lutter contre sa violence. Que faire? On met un canot à flot, et on tente de fixer un câble à un bloc échoué. Cette opération réussit à souhait.

Le bâtiment touche bien et le choc détache d'innombrables fragments dont la plus forte avalanche se rue plus loin dans la mer.

En effet, une portion de la banquise, plus forte que la goëlette de douze à quinze grosseurs, s'enfonce dans le gouffre en projetant au loin d'immenses gerbes d'écume. Mais, comme on se félicite de cet avantage, on sent aux frottements de la quille qu'une partie aiguë de l'iceberg peut crever le navire. Aussitôt, on a recours aux gaffes, et à l'aide de ces perches on repousse la goëlette aussi loin que possible de ce dangereux glaçon.

En ce moment, une épouvantable détonation se fait entendre. C'est le géant qui, séparé en deux, ébranle la masse entière qui reste, et ses parties les plus colossales se détachent et roulent dans la mer. Les navigateurs se croient perdus.

Heureusement Dodge veille, lui, du canot dans lequel il est allé attacher une ancre dans le glaçon échoué. Alors il s'écrie :

— Tirez sur le câble, tous !

On exécute son ordre, et, soudain, la goëlette s'éloigne lentement d'abord, majestueusement ensuite. L'équipage est sauf.

Il était temps, car en cet instant même l'énorme banc de glace s'affaissait, subissant la rupture tant redoutée, et la portion gigantesque de l'iceberg la plus rapprochée du vaisseau se détachait avec un épouvantable craquement, en faisant rejaillir sur le pont et

l'équipage d'incommensurables nappes d'é-
cume.

Enfin, dégagés des parages si redoutables,
les expéditionnistes commencent à entrevoir,
au levant, de nombreuses petites îles formant
des taches sombres et capitonnant les eaux
resplendissantes de la mer Arctique. Il y a
bien encore des banquises de toutes formes et
de toutes grandeurs, qui, accumulées dans les
détroits qui séparent ces îles, semblent défen-
dre l'accès d'une plaine couverte de givre et
de neige, formant bourrelet à son extrémité
et se perdant au loin dans la perspective
d'une étroite bande d'un blanc léger nuancé
de bleu.

Les alternatives de terreur et d'espérance
sont à leur fin. Il ne reste plus qu'à s'oublier
dans l'admiration du spectacle présenté par la
ligne ruisselante de lumière qui sert d'auréole
aux dentelures sombres de la crête fermant
l'horizon. Il est facile de reconnaître la grande
mer de glace qui enveloppe la terre verte du
Groënland. Les pentes blanchâtres s'inclinant
vers les rivages, ne sont autre chose que assi-

ses d'un glacier titanique, fleuve de cristal envoyant ses icebergs et banquises à la mer de Baffin. Et c'est au milieu de leur dédale que la goëlette *les États-Unis* venait de braver les plus grands dangers.

Enfin, vers le soir du 21 août, les amoncellements de glace se dispersent peu à peu sous le souffle du vent du midi, et les navigateurs peuvent aller s'embosser dans une petite anse de la côte, que signale un village esquimau, celui de *Tessuissac*. C'est une agglomération de quelques huttes de peaux, d'un aspect assez propre. Des herbes et des mousses recouvrent plusieurs de ces huttes, et l'une d'elles est la propriété de Jensen, le nouvel interprète.

Le séjour de Tessuissac doit être de deux heures au plus. M. Sonntag en profite pour aller fixer la position de cette côte à l'aide de ses instruments. Puis, on a donné quelque liberté aux chiens sur la terre ferme. On reste plus longtemps, car d'autre part une banquise vient fermer le port. Toutefois on rassemble les chiens : on fait quelques échanges avec les naturels, et la goëlette s'éloigne.

Voyez-vous le tableau : trente chiens sur le pont! Or, ces quatre attelages sont logés dans des cages, comme les fauves des jardins zoologiques. Ils sont affolés par la peur, souvent aussi une bataille s'engage. Alors quel bruit, quel tapage, quels hurlements!

On ne peut perdre le temps parce que la saison s'avance. Un vapeur, *le Fox*, était bloqué par les glaces, le 26 août 1857. Or, on est au 22. Aussi, c'est avec bonheur que nos marins voient leur goëlette s'avancer à travers les couloirs sinueux des îlots et des banquises, ayant le cap sur la baie de Melville.

Mais déjà les nuits sont très-sombres. On use de la plus sérieuse vigilance.

Tout-à-coup, le vent souffle, la mer se fait houleuse. Un nuage épais se répand sur le zénith du navire. Impossible de plus rien voir. Comment diriger la marche? D'une extrémité à l'autre du bâtiment, on est plongé dans un brouillard impénétrable. Avec cela, la neige tombe, la grêle ruisselle, le vent fait rage, et les vagues déferlent sur le pont. Un bruit affreux frappe toutes les oreilles.

— Qu'y a-t-il? demande le commandant Hayes à la vigie.

— Je ne sais... réplique le matelot.

Soudain, voici que, dans la brume, se dresse une blancheur qui prend corps. C'est un formidable iceberg, dont on ne peut juger les contours. Impuissant à rien ordonner, le commandant se fie à la Providence, et il fait bien. La goëlette glisse, en frôlant la monstrueuse banquise, et elle échappe ainsi au choc qui devait anéantir l'équipage et le bâtiment. Tout au plus les marins sont-ils couverts de l'embrun des lames, tandis que le glaçon colossal se replonge dans l'obscurité d'où il avait si inopinément émergé.

On arrive au cap York. Là, doit se trouver, on le suppose, un chasseur groënlandais du nom de Hans, qui a voyagé pendant deux ans avec le docteur Kane. Mais, arrivé dans ces parages, une belle Esquimaude a séduit son cœur, et Hans a quitté le docteur Kane, pour aller planter sa tente au milieu de celles des sauvages habitants des côtes septentrionales de la mer de Baffin.

Hans est-il encore sous l'influence des charmes de l'Esquimaude? On espère que non. Aussi le commandant Hayes se hâte d'aller à la découverte, car le chasseur est un homme précieux.

Qui se présente soudain, à la descente du canot abordant la côte, et au milieu d'une bande d'Esquimaux appelant à eux les navigateurs! Hans lui-même, Hans tout joyeux de revoir MM. Hayes et Sountag, dont il n'a pas oublié les noms. Mais Hans n'est pas seul. Sa grosse moitié est là, portant un enfant sur le dos, dans sa capeline de peau de phoque. A ses côtés se tiennent aussi un frère de sa femme, la mère de sa femme. Tout ce monde, nonobstant son état sauvage, fait des avances aux marins. Hans leur offre les reliefs de sa table, sous la hutte qu'il a élevée au sommet de la côte. De là, depuis longtemps (la lune de miel dure si peu, même chez les Esquimaux), le Groënlandais, qui s'ennuie fort,

guette le passage d'un navire. Six ans d'observatoire!

Alors, on lui fait la proposition de s'enrôler dans l'équipage. Il accepte; mais il emmènera sa femme, elle le veut! Il faut en passer par cette condition. Certes, il l'eût laissée volontiers, avec la mère, le frère et le poupon, aux bons soins de la tribu. Mais madame Hans ne veut pas quitter son mari, et on les embarque.

Inutile de raconter ici que pour admettre la nouvelle famille aux honneurs de partager la table et les cadres, les matelots du bord se font un devoir de laver, à grande eau, les membres improvisés de l'équipage. C'est à moitié du goût de madame Hans, qui pleure et se débat. Toutefois, l'opération se fait, après quoi on habille le père, la mère et l'enfant de la chemise rouge traditionnelle, et on leur offre une garde-robe de peaux de phoques.

Cependant le vent souffle, tournant au N.-E. Peu à peu les nuages sont déchirés, s'envolent, et on aperçoit la terre, à savoir le cap Alexandre. Ce sont de hautes falaises qui signalent l'entrée du détroit de Smith.

La goëlette s'avance dans un chenal que bordent le rivage, d'une part, et, de l'autre, un interminable champ de glaces. Le vent tombe, et le bâtiment s'arrête. Néanmoins une nouvelle poussière de forte brise fait avancer vers le détroit, appelé de tous les vœux.

On y entre à peine que l'on voit accourir une incommensurable banquise, composée des plus effrayants champs de glaces que jamais navigateurs aient trouvés sur leur chemin. On n'en voit point la fin. Les glaçons ne comptent guère que soixante centimètres au-dessus de la mer, mais ils resserrent constamment l'espace. Aussi ne sait-on que devenir, d'autant plus que le vent, venant de la côte, interdit tout mouvement du côté de la terre.

C'est le 29 août, dans l'après-midi, que nos marins sont livrés à cette triste situation. Elle s'aggrave encore. Voici qu'une indescriptible tempête fond sur la mer, et la position est des plus critiques. La côte, dont les falaises comptent à peu près quatre cents pieds d'altitude, et dont les sommets sont blancs de neige toute fraîche, ne présente que des aspects sinistres. La tourmente échevelée, furieuse, s'agite par-dessus les crêtes de ces falaises et se rue sur la pauvre goëlette, qui n'en peut mais.

Viennent dix heures du soir. Que c'est horrible d'être en mer, pendant la nuit, alors que mugit et gronde la tempête. A peine avance-t-on de quelques mètres. Oh! c'est un drame d'une irrésistible puissance et d'une horrible magnificence, assurément. Mais il est plus beau à contempler de la terre ferme!

Comme consolation, du reste, ceux qui ne veillent pas au salut commun se donnent à leur tour les jouissances d'une cabine bien chaude, celle des officiers, où le feu pétille, où le thé fume, où on lit, où on sommeille, où le maître-coq apporte, au grand risque de chavirer sur le pont couvert de verglas, les gâteaux sortant du four.

— Quel temps, Messieurs, quel temps! fait-il en poussant un soupir prolongé. Si je savais seulement où nous sommes, ajoute-t-il, et si nous pêcherons bientôt des phoques; car ils me disent là-bas, les matelots, que nous sommes ici pour la pêche...

— Des phoques? lui répond-on en riant. *Ils* vous attrapent là-bas, mon bon chef, nous ne venons pas ici pour des phoques; nous allons au Pôle Nord, et il nous faut franchir encore quinze cents kilomètres pour l'atteindre.

— Le Pôle Nord!... murmure le naïf cuisinier...

Pourtant le vent a fraîchi, et la goélette a fait quelques brasses.

On est au 1ᵉʳ septembre. Hélas! le navire est encore repoussé du détroit de Smith. Un iceberg a brisé sa vergue de misaine.

Puis, voici les champs de glace qui se resserrent et circonscrivent l'espace réservé au navire. L'infortunée goélette s'agite et fait entendre des craquements plaintifs. Sa taille svelte est trop à l'étroit, sous l'étreinte de la glace. Ses flancs vont-ils donc céder? On voit s'infléchir les rivures du pont et devenir béantes les coutures des bastingages. Soudainement, le navire est soulevé par une pression violente : on craint qu'il ne tombe sur le côté.

Il n'en est rien. L'action de la glace cesse de se reproduire : la goëlette reprend lentement son équilibre, en retombant dans son petit hâvre, tandis que les glaçons s'enfoncent bruyamment sous sa quille. Mais l'eau monte dans la cale; mais le gouvernail est crevassé; mais des portions de la pièce courbe qui forme la proue, l'étrave, s'en vont en morceaux.

Enfin on répare le tout, et, dans l'impossibilité d'aller en avant, on songe à retourner en arrière.

En effet, la goëlette *les Etats-Unis* s'achemine vers un groupe d'îles qui clôturent la baie de Hartstène, et là, se glissant par l'une des passes qui y conduisent, on jette l'ancre dans une anse minuscule que l'on baptise du nom de *Foulke*, l'un des partisans dévoués de l'expédition; on amarre le bâtiment abrité contre les vents aux aspérités d'une chaîne de rochers, et on attend.

Presque aussitôt les passes sont solidifiées par la gelée, et le navire est emprisonné pour longtemps.

Alors le commandant Hayes organise l'hivernage.

Knorr, Radcliffe et Starr, dont on donne les noms à trois îlots généralement appelés les *Trois Jouvenceaux*, à l'entrée de la petite baie, adoptent comme chef M. Sonntag, et sous sa direction se livrent à des études scientifiques, dans le voisinage de la terre ferme.

Jensen, Hans et Peter entrent en fonctions comme chasseurs.

M. Dodge en tête, les autres hommes de l'équipage transbordent la cargaison sur le rivage, où l'on édifie, en pierres sèches ayant pour toiture des voiles au rebut, une tente qui devient le magasin général.

Quant à Mac Cormich, aidé du charpentier, il fait la toilette d'hiver à la goélette, dont on enlève tout ce qui peut subir des avaries. Le pont est aménagé de manière à former, avec une couverture de planches, une chambre commune assez vaste, bien aérée, et donnant, par quatre fenêtres, accès à la lumière, tant qu'il y aura de la lumière, car le soleil s'éloigne, et son rayonnement est déjà bien faible. Enfin, de la cale on fait une cabine pour les matelots, et on y dispose le fourneau du maître-coq.

Le 1ᵉʳ octobre, grande fête à bord : on pend la crémaillère. Pâté de gibier, saumon d'Upernavik, gibelottes de lapins, cuissot de renne, tel est le menu du festin. Comment ne pas se divertir quelque peu? Les provisions abondent, la chasse est productive. Les haubans portent saignants douze magnifiques rennes : lapins et renards sans nombre sont accrochés aux agrès. Jensen fait en outre des réserves cachées de son gibier, en certains endroits des terres, car on rencontre fréquemment des troupeaux de vingt, trente et cinquante rennes, dans les plaines. Mais n'oublions pas qu'il y a bien des chiens à nourrir, et quel appétit à satisfaire! Bref, on peut espérer de mener l'hivernage à bonne fin.

Mais, hélas! voici venir maintenant la lutte contre l'envahissement de l'obscurité. La nuit arctique succède au crépuscule, car le soleil... disparaît complètement le 15 octobre, derrière le rideau de collines du sud. On ne le verra

plus avant quatre mois. Quatre mois de ténè
bres! Ainsi l'équipage des *Etats-Unis*, séparé
du reste du monde, se trouve enfoui dans les
profondeurs du désert Polaire Arctique.

Pourtant, on fait des courses dans un but
de découvertes.

Deux traîneaux, attelés chacun de douze
chiens, rapides comme le vent, franchissent,
en vingt-huit minutes, onze kilomètres, en
longeant les bords d'un golfe, au nord du port
Foulke, et le retour se fait en trente-trois.
Jensen conduit M. Hayes. Sonntag, dans l'autre traîneau, est distancé de quatre minutes.

Le fouet joue un grand rôle dans cette ra-
pidité vertigineuse. Les Esquimaux excellent
à faire courir leurs chiens, et c'est à grand
renfort de coups. Le fouet esquimau est ter-
miné par une peau de phoque, avec laquelle
le conducteur peut faire couler le sang de l'a-
nimal et surexciter son ardeur. C'est cruel,
mais il n'est pas d'autre manière de vaincre
la résistance du pauvre chien, qui tantôt est
détourné de la voie par un renard qui muse,
par un ours qui dévale, par un oiseau qui

piaille. Aussitôt le fouet le rappelle au devoir, et les chiens de voler à travers neiges entassées, crevasses, glaçons, aspérités de toutes sortes.

Ces courses se répètent fort souvent : c'est tantôt un point, tantôt un autre que l'on a pour but de visiter.

On découvre ainsi une large vallée, romantique autant que peut l'être un paysage sans soleil, bordée d'une haute chaîne de rochers, et terminée par un glacier dont la base est baignée par un délicieux petit lac sombre et rêveur. Le vent a fait disparaître la neige de la plaine, et on voit sur la steppe verte des bandes de rennes broutant le gazon rougi, dont on surprend quelques-uns.

Ce lac reçoit le nom d'*Alida*, et la vallée celui de *Chester*. C'est le vœu des deux cœurs de M. Sonntag et de M. Hayes, en souvenir de quelque tendre affection.

Vers le 20 octobre, découverte d'une inimitié profonde entre Hans et Peter, les deux chasseurs groënlandais.

Peter est le favori de M. Hayes, car tout

Esquimau qu'il est, Peter est propre, adroit, sculpteur habile des défenses de morse, et, offrant de ses œuvres au commandant, le commandant lui fait don d'habillements en drap, de chemises rouges, etc.

Inde iræ de la part de Hans, qui, du reste, est jaloux de tous ses congénères. Hans boude, Hans se tient à l'écart.

Tel est le caractère esquimau : pas de querelles, pas de rixes. On a un rival; un vieillard vit trop longtemps; une femme passe pour s'adonner aux maléfices, etc.; on s'en saisit dans l'ombre, et... le tour est joué. La mort vous débarrasse...

A cette occasion, je citerai ce passage de la *Revue britannique*, qui révèle les tristes mœurs des Esquimaux.

Chez eux, « une femme malade et qu'on juge n'être plus bonne à rien, est enterrée *vivante*. Un jour, M. Hall, visitant une malade à laquelle il avait donné ses soins, trouva ses voisins occupés à lui bâtir un *iglou*, c'est-à-dire une hutte de glace et de neige. Il apprit que cela devait servir de tombeau à la malade.

En effet, Noukiton fut transportée dans l'iglou neuf, étendue sur une couche de neige, et enfermée par des blocs de glace. M. Hall l'alla voir encore. Elle était calme, résignée, et même reconnaissante de ce traitement. Elle savait que la hutte devait lui servir de tombeau : mais elle était de sa race, et, devenue un fardeau pour les autres, n'ignorant pas que ses jours étaient comptés, elle acceptait cette mesure comme un acte juste auquel personne ne pouvait trouver à blâmer ; elle sentait de la gratitude envers ceux qui avaient pris tant de soins pour rendre heureux ses derniers instants... »

Donc, maître Hans est en rivalité avec Peter, et en lui toute sensibilité s'éteint sous le frisson de la haine. Eût-on donné à Hans les plus belles choses du navire, il fût resté jaloux. Pour détruire sa sourde colère, le seul moyen serait de faire un paria de Peter.

Et pourtant Hans a une tente à lui seul, dont madame Hans, jadis mademoiselle Merkut, fait l'ornement et la joie, aussi bien que Pingasick, leur poupon. Or, notez que madame

Hans est passablement gentille... pour une Esquimaude, et quand, tous les mois, elle consent à se débarbouiller, sur sa peau jaune on est tout surpris de voir s'étendre un soupçon de nuance rosée.

Enfin, en présence de cet état de choses, que faire?... Attendre, et veiller!

Le 21 octobre, en quarante minutes le traîneau de Hans conduit M. Sonntag, et celui de Jensen M. Hayes, au glacier dit du *Frère John*. C'est à proprement parler un iceberg sur terre : surfaces irrégulières, tailladées, crevassées, déchiquetées partout, avec longues lignes perpendiculaires creusées par la fonte des neiges, aux beaux jours de l'été; et, au dos de cette montagne de glace, pentes abruptes, puis descente rapide dans la mer, vers le levant.

Il s'agit de pénétrer dans une gorge étroite, sinueuse, et d'aller voir si ce glacier est mobile et marche, comme d'autres glaciers. Mais laissons nos savants à leurs observations.

Six rennes ont été tués par Barnum : Hans

en a immolé neuf, et deux ont été les victimes de Jensen.

C'est d'à-propos, car, ce jour-là, sur le pont de la goélette on célèbre l'anniversaire de la naissance de Mac Cormick, comme on fête celui de tous les officiers du bord, à tour de rôle.

Pour cette circonstance, Mac Cormick a déployé tout ce qu'il a de talent et d'intelligence : billets d'invitation rédigés en très beau style ; cartes du menu, auxquelles Radcliffe a prêté l'originalité de ses dessins ; salle richement tapissée ; chaleur douce et tempérée ; éclairage *à giorno*. Et, sur la table, où étincellent les cristaux, où brille l'argenterie, où se dressent des flacons de Xérès, de Madère, de vins du Rhin, de Champagne et Bordeaux, mis en ligne comme des soldats à la parade, foisonnent, disposés par Mac Cormick, qui s'est fait le Vatel du jour, potage à la jardinière, saumon bouilli mollement étendu sur une nappe blanche comme la neige du dehors, cuissot de renne avec entourage de canards aux groseilles, légumes frais quoique conservés, plumpudding noyé dans un embrasement de vieux rhum, mayonnaise de gibier glacé, etc. J'en passe, et des meilleurs... C'est à n'en plus finir, et certes on ne se croirait pas dans le voisinage du Pôle Nord. Plaignez donc nos marins de leur long hivernage!...

Je ne vous décrirai pas les péripéties d'une autre excursion au glacier du Frère John, excursion que Sonntag et le commandant Hayes faillirent payer de leur vie, en s'enfonçant dans une des grandes crevasses de l'iceberg. Pour racheter les ennuis de cet enfouissement, ils eurent la jouissance d'incomparables perspectives... au clair de lune. Elevés à une altitude de plus de quinze cents mètres au-dessus de la mer, et à cent vingt kilomètres de la côte, ils purent contempler l'immensité sans limites d'un désert de glaces, dans les détails duquel se perdait la vue.

Une cruelle tempête s'éleva dans le moment même où la lune achevait sa course quotidienne, et sa pâle lueur, sur laquelle d'étranges vapeurs secouaient leur crêpe funèbre, les contraignit à errer à l'aventure à travers des plaines infinies. Alors, dans les régions supérieures, le vent faisait rage, et tourbillonnait la neige fouettée par la rafale, tandis que les nues, chargées de givre, couraient affolées au milieu de l'espace, semblables à d'impétueux fantômes.

A cet instant même, alors que l'ouragan se déchaînait et que le glacier du Frère John ruisselait des paillettes d'argent de l'astre des nuits, une mince aurore boréale illuminait les rivages de la mer, et, à l'horizon, s'estompaient les silhouettes de montagnes aux aspects fantastiques.

Je ne puis m'arrêter ici à parler des fleuves de glace et de leur marche continue, incessante. De même que dans nos Alpes, du sommet de leurs montagnes des vallées polaires descendent lentement, mais sans que rien les arrête, les glaciers, cherchant les niveaux inférieurs. Arrivent-ils à la mer? ils prennent leur flottage dans les eaux et deviennent des icebergs effrayants d'altitude et de formes colossales, des banquises gigantesques, ou des champs de glaçons.

C'est après avoir pénétré, à diverses reprises, dans le glacier du Frère John, que nos savants marins tirent les conclusions rigoureuses que j'analyse.

Or, ce Frère John sera quelque jour, dans 600 ans peut-être, un iceberg. Qui vivra le verra se promener majestueusement sur les eaux du nord.

— Et des nouvelles de Hans et de Peter!... me direz-vous.

Ah! le commandant n'a pas confiance dans la voix doucereuse et l'œil malin du hideux Esquimau. Mais Sonntag le préfère à Peter. On s'attend à un drame.

Quant à madame Hans, jamais au monde plus énervante paresse. Et entêtée donc! De son mari, elle a pris la bouderie taciturne. Elle boude même son mari, qui s'en inquiète peu ou prou. Elle déserte même, un jour, la tente conjugale. Plus de madame Hans! Hans n'en trouve que plus savoureuse l'âcre odeur de sa pipe, et se fie au froid du dehors pour ramener sa chère moitié, et il est dans le vrai.

Règlement sévère à bord pour le lever, le

coucher, la propreté quotidienne du navire et des personnes, les repas, les exercices, les chasses, les sorties, et les fonctions confiées à chacun. On entretient en miniature les usages de la patrie et les bons rapports entre gens qui se respectent.

Le dimanche se passe comme à Philadelphie, comme à Boston, dans les prières et les lectures. Bref, l'hivernage n'est point une occasion de relâchement.

Un jour, dans une chasse, on avise une ourse et son ourson. Les traîneaux volent : les chiens veulent se jeter sur la bête, qui fuit vers la mer, son salut. Mais, soudain, on dételle les meutes, et les chiens en fureur se précipitent vers leur proie. Pauvre mère ! quand elle voit qu'elle ne réussira pas à atteindre les glaces flottantes, elle s'arrête, se rassemble, serre contre sa poitrine son ourson, et se dispose à la lutte. Les chiens fondent sur le groupe comme une légion de démons. De ses pattes crispées, l'ourse divise en deux parts les assaillants, et les rejette à droite et à gauche. C'est un vieux chien qui dirige l'attaque : mais un plus jeune se jette résolûment à la tête de l'animal. Il retombe sans vie. Un autre veut prendre sa place et saisir l'ourse au poitrail. Celle-ci se retourne... Mais alors son ourson, qu'elle oublie un moment, est mis à découvert et enlevé. Exaspérée, la mère aux abois fait reculer l'audacieux ennemi, lui reprend son petit, tout sanglant, et le replace sous son ventre. Mais, à cet instant, une décharge de carabines fait son œuvre et tue l'ourson.

Jamais tableau plus touchant d'amour maternel ne fut donné à des chasseurs. L'ourse saisit son petit, et nonobstant les mille morsures qui lui déchirent les flancs, elle se prend à lécher avec une inexprimable tendresse l'infortunée victime que la mort a saisie. Vous devinez le reste.

Eh bien! le drame a eu lieu, mais il est très mystérieux et demeure inexplicable. Plus de Peter! Peter a disparu : il s'est sauvé, on en a la preuve, mais où va-t-il? Hans se justifie de toute attaque : il s'efforce même de retrouver son ennemi. A l'aide de lanternes on fait des recherches à de grandes distances. Un sac à habits retrouvé, voilà tout. Évidemment le malheureux Peter perdra la vie, car on est à plus de quinze cents kilomètres des Esquimaux, et les tempêtes se succèdent sans interruption. L'épée de Damoclès est suspendue sur la tête de Hans, à savoir la corde de pendaison.

III

La contrée polaire où gisent nos marins des *États-Unis* est plongée dans la plus profonde obscurité désormais, à partir de la fin de novembre. Aussi, les étoiles brillent sans discontinuer.

On est en pleine nuit d'hiver arctique, trois mois de ténèbres!

Seule, pendant les jours de sa course lumineuse, la lune s'avance majestueusement au-dessus de la région, brillant d'un éclat qu'on ne lui connaît pas ailleurs. Par leurs reflets, les immenses espaces de neige ajoutent à son magnifique rayonnement.

Néanmoins, jours et mois passent péniblement.

Mais voici qui agite et éprouve cruellement nos désolés hivernants : la peste se déclare parmi les chiens! On sait, par Hans, que les Esquimaux en ont perdu beaucoup précédemment. Aussi use-t-on de toutes les précautions voulues pour circonscrire le fléau ; mais le mal ne s'arrête pas. Presque tous les précieux animaux sont enlevés, et c'est une grande perte pour l'expédition, car comment tenter des explorations sans attelages et sans traîneaux! Alors on se décide à se rendre à la côte, où l'on peut espérer rencontrer des Esquimaux, afin de se procurer d'autres chiens.

On est au 22 décembre, le minuit du Pôle Arctique.

Hans se prépare à conduire, avec le traîneau que peuvent tirer encore quelques chiens, M. Sonntag à la découverte des Esquimaux. Pour cela, on emporte des objets capables de séduire ces braves gens.

Le commandant fait un rêve affreux : il voit, dans une zone lumineuse, s'estomper le traîneau, les chiens, Hans et Sonntag : mais tout-à-coup celui-ci est englouti dans les eaux noires d'une mer en tempête!... Que conclure d'un rêve?... M. Hayes se rassure.

Le 24 décembre est venu. C'est du bonheur, de la joie partout, dans le monde civilisé. Hélas! c'est seulement en esprit que nos hommes de mer revoient les splendeurs de cette fête chrétienne : c'est seulement en esprit qu'ils entendent ses joyeux carillons. Les jaillissements de lumière et les chants des cloches leur feront défaut!... Et les repas de famille, et les cadeaux, et les promenades au soleil d'hiver!...

Eh bien! l'on sort pourtant de sa torpeur, à bord, sous la grande Ourse! Voici que chacun trouve moyen d'échanger des étrennes, selon l'usage d'Amérique. Grâce au commandant, la soute aux provisions a ses secrets, et, en ce jour de Noël, elle sort de sa réserve!

Le 25, tout d'abord on a hissé la cloche de la goëlette au sommet du grand mât, et elle a retenti dans la solitude glacée des steppes : mais elle a fait battre le cœur de nos marins, car elle joignait alors ses notes grêles à celles du grand concert des autres cloches du monde annonçant la venue du Sauveur. Puis on a tapissé de drapeaux le local de la fête. Tout chacun a mis ses lampes en bon état, et on a illuminé la salle. Enfin on a prié Dieu, après quoi, le commandant salué de trois hurrahs, on s'est mis à table. Oui, à table, et cette fois elle est encombrée d'un festin qui, par ses richesses culinaires, dues aux bons offices de Mac Cormich, a dépassé les merveilles des banquets précédents.

1861!... Autre solennité, annoncée, cette fois, par le canon de la goëlette *les États-Unis...*

Feu d'artifice, ensuite. On n'a pas eu besoin d'attendre la nuit, pour en faire mieux ressortir les splendeurs : elle était toute venue, la nuit, et qu'elle était noire!

Le 5 janvier voit mourir... le dernier des chiens!

Le temps se passe à élever et éduquer un renardeau, très-fûté, trop dégourdi, qui répond au nom de Birdie.

Rafales et tempêtes, sans discontinuer.

Pas d'aurores boréales, et cependant on est là dans leur patrie!

Que c'est horrible... une nuit profonde, épaisse, de trois mois et plus! Comme on songe au gai soleil que l'on n'a plus! Comme on aimerait une occupation quelconque, en pleine lumière! que c'est bon la lumière! Il est si doux de voir la famille, les amis, aller et venir, vous sourire et vous serrer la main!

Tandis que, sous le Pôle, quelle écrasante et sinistre solitude! L'intelligence en est affectée! On écoute, on voudrait entendre. Rien! pas un murmure, pas un gazouillement d'oiseau! On ouvre les yeux, on voudrait voir! Rien! Tout est noir!... C'est à frémir d'épouvante...

Un mois déjà, depuis le départ de M. Sonntag.

Le 27 janvier, tempête violente, qui empêche de sortir.

Le 29, calme relatif. On s'enveloppe de fourrures et on va partir, lorsque survient le matelot en vigie:

— Deux Esquimaux, monsieur Hayes !...

— Deux Esquimaux ?...

Ils ont pu arriver sans être vus, cela se comprend. Ils sortent des ténèbres, et les voici en pleine lumière de la lampe.

Destin fatal !... Sonntag, le savant Sonntag, le dévoué Sonntag est mort !...

Hans arrive par petites étapes, car il est mort plusieurs de ses chiens. Il amène avec lui beau-père, belle-mère, toute la famille Merkut...

Enfin, voici Hans : il entre dans de longues explications :

Ayant eu froid, l'infortuné Sonntag s'est mis à courir à côté du traîneau. Mais son pied mal assuré glisse dans une fissure à peine couverte d'une glace très-mince. Il tombe dans l'eau. Maladroitement, Sonntag ne veut pas changer de vêtements, et il court de nouveau à la suite des chiens, pour se réchauffer, et enfin remonte dans le traîneau. Mais, arrivé à Sorfalik, l'imprudent ne peut plus parler, tant le froid a roïdi son corps. C'est là qu'il meurt, dans une hutte de neige...

Alors Hans va droit aux Esquimaux de Net-
lik, les trouve abondamment pourvus de phoques, fait curée avec eux, leur raconte que
M. Hayes a besoin de chiens, leur partage gé-
néreusement les dons apportés par Sonntag,
et, dit-il, leur fait promettre d'amener des attelages nouveaux.

En attendant, voici Tcheitchenguak, voici
Kablunet, les auteurs de la vie de madame
Hans, et Angeit, son frère, qui viennent avec
lui apporter le secours de leurs efforts à l'expédition.

Qu'y a-t-il de vrai dans ce récit?...

Cependant les ténèbres du long hivernage
se teintent peu à peu d'un léger reflet blanchâtre. Le soleil se rapproche du Pôle Nord.
D'après les calculs de M. Hayes, l'astre du
jour, tant désiré, doit faire son apparition le
18 février.

Que le temps semble long à l'attendre, et
combien battent tous les cœurs dans les poi-
trines émues aussitôt qu'un vif rayon de feu,
parti du levant, vient faire clignoter tous les

yeux, mouillés au préalable de doux pleurs d'espérance et d'attendrissement.

— Le voilà! le voilà! s'écrie-t-on de tous les points culminants de la côte, où se sont hissés tous les hommes du bord.

En effet, après une éclipse de cent vingt-six jours, le soleil, le bon soleil de Dieu, va rendre la vie à toute cette partie du monde engourdie, affaissée dans d'épouvantables et sinistres ténèbres.

Hans a dit vrai. Surviennent trois Esquimaux, en deux traîneaux, dont les attelages de l'un sont pleins de feu, de santé, de bonnes dispositions, et ceux de l'autre paraissent chétifs et malingres. Ils arrivent de loin, en une seule traite, et cependant les premiers paraissent à peine fatigués.

Kalutunah, Tattarat et Myouk sont les noms des trois personnages. Peaux jaunes, nez écrasés, joues pendantes, yeux petits et noyés dans un orbite que laisse à peine entrevoir une fente très-serrée, cheveux noirs et luisants, de barbe peu ou prou, tels sont ces Esquimaux. Mais Kalutunah est propre, presque distingué. Les deux autres sont sales et grossiers. Le dernier est encore plus paresseux que la brune Merkut, et ce n'est pas peu dire!

Quel formidable appétit, du reste. On le comprend, ils viennent de loin, et nul restaurant sur leur longue route. Impossible de donner entière satisfaction à leur estomac, nonobstant de pleines coupes d'huile de morse qu'ils s'administrent largement pour faciliter l'œuvre de la mastication.

On leur achète leurs chiens, et ces Esquimaux s'en retournent vers leur tribu, heureux d'emporter du fer, des couteaux, des aiguilles.

Mais quelques jours après, revient Kalutunah avec sa femme, avec quatre enfants, avec six nouveaux chiens. Ensemble, ils se mettent à la disposition de l'équipage des *États-Unis*.

On accepte sa proposition; on lui prépare une hutte de glace; et toute la famille Kalutunah s'y installe. Ce sont de bonnes gens, bien dévoués, bien travailleurs, une excellente acquisition pour nos explorateurs.

Mais, jugez ici du caractère esquimau! le sale et paresseux Myouk a suivi de près, avec tous les siens également, c'est-à-dire une inerte et obèse Esquimaude et un poupon dégoûtant, le bon Kalutunah, et, sans que celui-ci le repousse, nonobstant la gêne et l'étroitesse d'une hutte en commun, sans que M. Hayes le congédie, le voilà qui s'introduit audacieusement, avec sa lourde moitié, près de ses frères de la tribu, et se met à y vivre grassement et lâchement aux dépens des voyageurs...

Grâce à Kalutunah, on sait enfin ce qu'est devenu Peter. Il a été trouvé, par un Esquimau, près de Peteravik, mais à l'état de momie. Ce qui a permis de le reconnaître, c'est que son cadavre portait des vêtements d'homme blanc.

Mais cela ne dit pas pourquoi Peter s'est enfui...

La goëlette compte bientôt six Esquimaux,

quatre Esquimaudes, sept petits Esquimaux et dix-sept chiens.

Il est alors question d'aller chercher la dépouille mortelle de M. Sonntag. Ce n'est pas sans peine qu'on le trouve sous les amoncellements de glaces qui se sont produits. Il est ramené dans la grande pièce où il aimait à se livrer au travail. On enveloppe son cercueil du drapeau de la patrie, et, une fois descendu dans le lieu de son dernier séjour, on grave cette inscription sur son tombeau :

A. SONNTAG, MORT EN DÉCEMBRE 1860
A L'ÂGE DE 28 ANS !

Quelques jours à peine se sont écoulés, et la mort pénètre dans la hutte de glace de Tcheitchenguak, le beau-père de Hans. Sa vieille compagne Kablunet, aussi ardente au travail que sa fille Merkut est paresseuse et indolente, est enlevée par une pneumonie.

Une heure après, Hans cousait le corps de l'infortunée dans une peau de phoque et l'emportait, encore chaud, dans un vallon du voi-

sinage, où il le déposait dans le pli d'un rocher, en le couvrant d'une quantité de pierres. Après quoi Merkut, la fille de la défunte,
versa des larmes, en tournant autour du tombeau de sa mère, et en déclamant des phrases
qui sans doute faisaient l'éloge de la pauvre
vieille. Bref, la cérémonie était close par le
dépôt, sur les pierres du sépulcre, d'un cou-
teau, d'aiguilles et de fil de phoque.

Le 3 avril est venu.

Trois traîneaux vont emmener les princi-
paux personnages de l'expédition américaine.
Fait partie du voyage un bateau en fer, des-
tiné à tenter une traversée sur la mer du Pôle.
Son mât est surmonté d'un pavillon qui a déjà
flotté dans ces régions arctiques.

Impossible d'analyser les souffrances que
bravent alors les intrépides explorateurs. Elles sont telles que les plus résolus s'affaissent
et ne veulent plus lutter. L'un d'eux semble
même satisfait de mourir, et dit avec indiffé-
rence :

— Voilà que je gèle !

Et, en effet, sa chair prend la nuance du

blanc graisseux de la chandelle. Il faut lui faire violence pour le contraindre à sortir de sa torpeur et à rappeler la vie par le mouvement.

On est enfin dans le détroit de Smith, mais en traîneau, et non par la goëlette. Après une nuit assez calme, rugit une tempête effroyable. Ce qu'il faut d'énergie, de volonté, de résolution, pour triompher des difficultés d'une traversée sur des traîneaux dont les chiens, plus encore que les conducteurs et les hommes, sont épuisés par des courses folles en zigzags, est inimaginable.

Le 24 avril, à peine si l'on s'est avancé de cinquante à cinquante-cinq kilomètres.

Pourtant, au nord, la Terre de Grinnell a l'air de faire des signes d'encouragement et des avances de bonne amitié.

Nonobstant ce, à raison des obstacles imprévus et s'accumulant sans fin, la caravane se sépare en deux.

Les uns retournent pour préparer la goëlette, au cas d'une débâcle.

Les autres, le commandant en tête, tous

tristes de leurs tristes adieux, s'avancent toujours vers le nord.

Des traîneaux brisés par les glaces, des
chiens estropiés par la fatigue, des étapes qui
font parcourir sept et huit kilomètres à travers des amoncellements indescriptibles de
glaçons énormes, et qui ne vous avancent que
de trois, tel est l'emploi des journées, tel est
l'emploi du temps.

Par bonne fortune, le 29 avril on trouve
une caverne et on en fait un lieu de repos.

Le 30, on y soigne les chiens, car que de-
viendrait-on sans eux? On leur donne des aliments à foison, et cependant, si l'on n'y veil-
lait, ces pauvres animaux, affamés toujours,
dévoreraient jusqu'à leurs harnais.

Pendant plusieurs jours, une nouvelle et
plus violente tempête retient les explorateurs
dans leur caverne. La faim fait pousser d'affreux hurlements aux chiens. Ils ont déchiré
un traîneau et mangé toutes ses courroies.

Bien des douleurs à endurer, le 5 de mai.
Jensen est souffrant, plus que souffrant, il a
une jambe bien malade. Knorr ne se soutient

que par la volonté la plus énergique. Mac Donald n'en peut mais. Quant aux malheureux chiens, ils détruisent et absorbent tout ce qu'ils trouvent, jusqu'à des sacs de tabac.

Enfin, le 11, on campe sur la terre ferme.

Cent trente et un jours à parcourir ainsi ce détroit de Smith!

Le bateau en fer a dû être abandonné.

Et puis, il le fallait, la caravane s'est partagée encore une fois en deux parts, l'une allant en avant, l'autre stationnant et reculant peu à peu.

Après un bon repas donné aux attelages, sur le cap Harrow, les voyageurs gravissent la côte. Les hommes qui restent, même le commandant, s'attachent aux traîneaux.

Nulle imagination humaine, sans les avoir vus, ne peut se figurer les entassements de glaces qui occupent les attaches du cap Napoléon. Il est indispensable, pour avancer et monter, de creuser à la hache le passage dans les glaçons. Mais tout labeur a sa récompense, et bientôt les explorateurs peuvent atteindre les glaces de terre, et les chiens y courent comme en rase campagne. Aussi, en peu d'heures, arrive-t-on au cap Frazer, où l'on construit une hutte de glace pour s'abriter.

Découverte d'un camp esquimau abandonné, d'une part.

De l'autre, plus de glaces nouvelles à franchir. Vers le Pôle, le canal semble offrir peu de difficultés. L'air est assez calme, et les perspectives les plus étendues se déroulent vers le levant.

On fait une nouvelle étape. Malheureusement la glace de terre devient presque aussi pénible à franchir que la glace de mer.

Jensen, à sa blessure de jambe, ajoute une chute qui complique étrangement sa position. Aussi le commandant le livre à Mac Donald, et continue, seul avec Knorr, son acheminement vers le Pôle Arctique.

Cinq chiens sont laissés à Jensen, avec des provisions, et, après cinq jours de repos, son compagnon et lui devront rebrousser chemin vers le port Foulke.

Pour M. Hayes, il s'agit toujours d'avancer vers le nord, pour atteindre le Pôle.

Un jour, après dix heures de marche, et après quatre heures, le lendemain, les deux intrépides investigateurs atteignent la pointe méridionale d'une anse, d'un golfe plutôt, si étendu, qu'il leur paraît plus simple de le traverser par sa ligne diagonale, que d'en longer les contours sinueux. Mais point. Impossible d'aller plus loin, car le champ de glace se termine presqu'à l'entrée du golfe, et la glace n'offre plus de solidité. Le traîneau atteint une glace nouvelle sans consistance : ce que devine immédiatement l'instinct des chiens, car ils se refusent à avancer davantage.

Alors le commandant ne voulant pas faire le tour du golfe, qui semble avoir un parcours de trente à quarante kilomètres, l'état de ses provisions ne lui permettant pas ce voyage, se décide à gravir une colline, dont il escalade en effet les pentes abruptes. Là, sur le plateau, se trouve un massif de roches qu'il scande de même, et du haut duquel il domine l'océan Glacial de 250 mètres.

Les glaces lui présentent les mêmes aspects qu'à l'entrée de la baie, en plongeant son regard vers le point polaire, et dans tout l'horizon circulaire qui l'entoure et qu'il contemple. Mais, au milieu du golfe, s'ouvre béante une vaste fissure s'acheminant vers la mer, du côté de l'orient. Cette fissure triangulaire, dont la plus grande pointe s'élance vers le Pôle, est radiée d'autres crevasses de moindre dimension. C'est comme un fleuve grandiose, avec affluents, qui va se perdre dans l'océan Polaire, et qui laisse échapper un reflet lumineux sous le sombre firmament recouvrant toute la partie septentrionale de cette incommensurable et sinistre solitude.

Au loin, sur les brumes grises de la perspective, s'estompe la silhouette blanchâtre d'un promontoire sourcilleux.

A n'en plus douter, c'est le point le plus septentrional du globe, c'est le pivot du nord, c'est le Pôle Arctique.

Entre ce promontoire aux blancs reflets et la colline devenue l'observatoire de M. Hayes, se dresse comme un autre pic.

Et, plus près encore, une montagne altière se dresse avec majesté et porte jusqu'au ciel sa cime ceinte d'un bandeau de neiges éternelles.

Nulle autre terre visible, sur aucun autre point.

Au-dessous de la colline, la mer étend son immense et large nappe, diaprée de blanc, de gris, c'est-à-dire de parties de neiges et de glaces fondues.

Ces nuances diverses se multiplient dans les profondeurs de l'horizon, et paraissent plus foncées. Aux dernières limites de la perspective elles se confondent avec la bande du firmament qui reflète leurs eaux.

Ainsi, le commandant de la goëlette *les Etats-Unis* est arrivé aux rivages du bassin polaire Arctique.

L'océan Glacial du nord est là qui dort à la base de la colline au sommet de laquelle il fait ses observations.

Il est impossible de gagner un point plus rapproché du Pôle. Les glaces peu consistantes s'y opposent, et des laquets s'ouvrent en mille endroits de leur surface, laissant voir les eaux sombres du sombre abîme.

Et puis voici des guilleminots qui voltigent par bandes nombreuses et s'abattent sur les eaux du gouffre.

Enfin, des mouettes passent également au-dessus des glaces, cherchant des eaux libres, c'est-à-dire sans glaçons, et capables de leur fournir leurs aliments. C'est là qu'elles fixent leur séjour. Or, dans ces lieux reculés que fréquentent ces palmipèdes, après les premiers jours de juin plus de glaces!

Le but de l'expédition est donc atteint.

Il ne reste plus aux deux vaillants champions qu'à songer à retourner en arrière, pour rejoindre leurs compagnons, leur porter la bonne nouvelle, et retrouver la goëlette, qui attend au port Foulke.

Mais, avant de s'éloigner, en témoignage de leur découverte, deux pavillons aux couleurs des États-Unis sont hissés sur un cairn, ou amas de pierre que dressent au sommet du rocher les deux voyageurs. Enfin, sous le cairn, M. Hayes dépose un flacon renfermant un papier, écrit et signé de sa main, lequel certifie à tous que ce point culminant, le plus septentrional que jusque-là on ait pu atteindre, a été visité, étudié et signalé par lui, J. Hayes, et par F. Knorr, les 18 et 19 mai 1861, après un pénible voyage en traîneau attelé de chiens.

Alors les deux hardis et braves explorateurs retournent sur leurs pas, et, le 5 juin, rentrent au port Foulke, qu'ils avaient quitté le 5 avril, après avoir parcouru deux mille quatre cents kilomètres au milieu des glaces et des périls inexprimables.

La goëlette *les États-Unis* est en aussi bon état que possible, et les attend pour prendre la direction de l'Amérique.

Jensen est guéri. On rapatrie les Esquimaux après les avoir récompensés selon leurs mérites.

Bref, le retour à Boston se fait sans difficulté, et le monde savant sait à quoi s'en tenir désormais sur ce qui touche au point précis qu'occupe le Pôle Arctique.

FIN

Limoges. — Impr. Eugène Ardant et Cie.